청년의사 남기남의

슬기로운 병원생활 2

글 서민·김응수 / 그림 정훈이

청년의사

CONTENTS

*글쓴이 ● 서민 ● 김응수

5부
남기남의 병원생활

- 사건과 실화: 전공의 탈출사건 — 012
- 환타 — 014
- 배달의 민족 — 016
- 택시로 출근하는 의사들 — 018
- 의사는 약자 — 020
- 바이러스 비상사태 긍정효과 — 022
- 슬기로운 마스크 생활 — 024
- 어쩌다 보니, 그러다 보니 — 026
- 어떤 은혜갚기 — 028
- 좀비의사의 추억 — 030
- 의대생 김지영 — 032
- 아빠 어디가 — 034
- 병원 가는 거 무서워 — 036
- 진료실은 멀티방 — 038
- 청진기의 종말 — 040
- 메드 글래스 — 042
- 관상 — 044
- 이놈의 인기 — 046
- 개업 10년 차 — 048
- 올 것이 왔다 — 050
- 전설의 PK ①, ② — 052
- 의대노트 뺘천사 — 056
- 과별 포커 대회 — 058
- 수술실 뮤직 — 060
- 마스크 진료 — 062
- 의원 바꿔보기 — 064
- 혼자의원 — 066
- 병의원 이용법 ①, ②, ③ — 068
- 다단계 — 074
- 김원장의 영수증 — 076
- 항생제 남용의 이유 — 078
- 안녕하수꽈: 제주 의학용어 — 080
- 무인검진 — 082
- 한가위란 — 084
- 의사 인성교육 — 086
- 고마운 선물 — 088
- 차마 못한 이야기 — 090
- 마지막 인사 — 092

6부
남기남의 현자타임

- 동네의사를 슬프게 하는 것들 ①, ② _096
- 어머니의 7가지 거짓말 _100
- 진료실 비밀의 문 _102
- 나는 지방의사다 _104
- 지방의료 심폐소생술 _106
- 어벤져스 _108
- 악몽은 없다 _110
- 의대 과커플이 불리한 점 _112
- 의대 과커플이 좋은 점 _114
- 사건과 실화: 프로젝트 R _116
- 회진버스 _118
- 인턴워치 _120
- 과별 인내심 테스트 _122
- VVIP _124
- 축제 _126
- 뱀주사위놀이 _128
- 의대생 서바이벌 캠프 _130
- NO CPR _132
- 미이라 _134
- 의료도시 ①, ② _136
- 독감 의사 _140
- 2019년, 진상 피하는 법 _142
- 의사 친구에게 부탁하기 _144
- 원장실의 비밀 _146
- 추억의 병원 괴식 _148
- 당연한 일에 기뻐하는 의사들 _150
- 극한직업 변호사 vs 의사 _152
- 12번째 닥터 _154
- 위험한 데이트 _156
- 오래된 미래 _158
- 혼저옵세예 제주 응급실 _160
- 런던메디컬올림픽 _162
- 위원회 _164
- 닥터 007 _166
- 진상환자의 나비효과 _168
- 의정부의대 졸업사진 _170
- 라스트 크리스마스 _172

7부 남기남의 여가생활

- 의사의 품격 ①, ② — 176
- 나를 찾아줘 — 180
- 닥스맨 ①, ② — 182
- 앤트맨 메디컬 히어로 — 186
- 앤트맨 리부트 — 188
- 마션 — 190
- 인턴 — 192
- 영웅본색 — 194
- 여의사가 본 응답하라 1988 — 196
- 시그널 ①, ② — 198
- 배트맨 대 슈퍼맨 — 202
- 헝거닥터 — 204
- 윤클리닉 — 206
- 남한산성 — 208
- 닥스맨: 골든서클 ①, ② — 210
- 수요의식회 — 214
- 강철비 — 216
- 1987 ①, ② — 218
- 신과함께 — 222
- 블랙팬서 ①, ② — 224
- 골든슬럼버 — 228
- 하루 ①, ② — 230
- 어벤져스: 인피니티 워 — 234
- 슈츠 ①, ② — 236
- 완벽한 타과 — 240
- 아쿠아맨 — 242
- 극한직업 — 244
- 어벤져스 의과대학 ①, ② — 246
- 알리타: 배틀 닥터 — 250
- 엑시트: 저질 체력 탈출 — 252
- 라이온 킹 의과대학 — 254
- 라이온 킹 대학병원 — 256
- 추억의 영화: 고스트 — 258
- 닥터 조커 — 260
- 예스터데이 ①, ② — 262
- 쌉니다 천리마병원 ①, ② — 266
- 스토브리그 — 270
- 진료하지 않아 — 272
- 닥터 시동 ①, ② — 274
- 남산의 의사들 — 278
- 미나리 속편: 고사리 — 280
- 노매드랜드: 바퀴 달린 의원 — 282
- D.P. — 284
- 오징어 게임 — 286

8부 남기남의 이중생활

- 악몽의 병원 _290
- 의학박물관 _292
- 닥터스 피싱 _294
- 의과대학 노래방 _296
- 의대생 도서관 _298
- 의대괴담 _300
- 코로나 시대의 의학 드라마 _302
- 드라마 출연 _304
- 토탈리콜 ①, ② _306
- 골든타임 _310
- 응답하라 1997 ①, ②, ③, ④, ⑤ _312
- 기생충 테러 라이브 _322
- 삼시세끼 _324
- 동안의사의 슬픔 _326
- 김교수 야구 인생의 위기 _328
- 가을철 데이트 주의사항 _330
- 미션 임파서블: 로그 기생충 _332
- 복면의사 _334
- VR 내시경 _336
- 블라인드 닥터 ①, ② _338
- 댓글부대 _342
- 아이 캔 스피크 _344
- 세이프 오브 워터 _346
- 방구석 세계여행 _348
- 범볼비 _350
- MIW _352
- MIW Hospital _354
- 그것 _356
- 히트닥터 _358
- 닥터 세레니티 ①, ② _360
- 부부의 세계 현실의 세계 _364
- 호구와트 공공의대 _366
- 졸업 25주년 _368
- 지옥 의과대학 _370

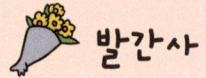 발간사

심폐소생술을 뜻하는 약어 CPR은 많은 사람들에게 익숙하다. 워낙 많은 의학드라마가 방영됐기 때문이다. 신문 청년의사의 연재만화 제목인 '쇼피알'은 CPR에서 파생된 의사들의 은어다. 이미 환자는 안타깝게도 사망했지만, (보호자가 아직 도착하지 않았다거나 너무 갑작스러운 죽음이라 가족이 아직 환자의 사망을 받아들일 마음의 준비가 안 되어 있다거나 하는 등의) 이런저런 이유로 의미 없는 심폐소생술을 지속하는 경우를 뜻한다. 의사들에게는 가장 괴롭고 힘든 순간인 동시에 의사라는 직업의 복잡한 속성을 절실히 느끼게 되는 순간이기도 하다.

만화 쇼피알은 역사가 길다. 1992년에 월간지로 창간된 청년의사가 주간지로 전환한 직후인 2002년 1월 7일자 신문에 1회가 실렸으니 소박 20년 동안 매주 독자들을 만났다. 타블로이드 신문 1면 전체를 차지하는 15컷 내외의 만화가, 그것도 주로 의료와 관련된 내용을 다루는 만화가 이렇게 오랫동안 연재되는 사례는 매우 드물다. 의사가 스토리를 만들고 전문 만화가가 그것을 그림으로 옮기는 협업 방식으로 이루어졌기에 가능했던 일이고, 청년의사의 독자들이 꾸준히 관심과 사랑을 보내줬기 때문에 가능했던 일이다.

쇼피알은 크게 두 시기로 나뉜다. '주프로'라는 필명으로 활동했던 이대서울병원 산부인과 주웅 교수가 대본을 맡은 시기가 시즌 1, 단국의대 기생충학교실 서민 교수와 가정의학과 전문의인 김응수 원장이 나누어 대본을 맡은 시기가 시즌 2다. (시즌 1과 시즌 2 모두 아주 드물게 다른 의사 혹은 의대생이 대본을 쓴 경우가 있기는 했지만, 대부분의 대본은 이렇게 세 명이 썼다.) 시즌 1은 2012년 4월 6일에 끝났는데, 무려 500편의 만화가 만들어졌다. 10주간의 공백기(그 기간 동안은 독자들이 직접 뽑은 베스트 작품 10편이 연재됐다)를 가진 이후 2012년 6월 22일부터 시작된 시즌 2는 2021년 12월 3일자 475회까지 연재된 이후 잠시 연재가 중단된 상태이다.

1,000회 특집을 불과 25주 앞두고 연재가 중단된 이유는 지난 20년 동안 한결같이 재미있는 만화를 그려온 정훈이 작가의 병환이다. 코로나19가 기승을 부리던 2021년 말, 그는 심한 감기 증상으로 동네의원을 찾아갔다가 정밀검사를 권유받았고, 며칠 후 급성 백혈병 진단을 받았다. 이후 정 작가는 씩씩하게(?) 투병 중이다. 스스로를 '병원에서 밥 가장 많이 먹는 환자'라고 칭하고, 카카오톡 프로필을 '고장 수리 중'이라고 바꿔놓은 채.

사실 만화 쇼피알 중에서도 특히 재미있는 것들을 모아서 단행본으로 묶으려는 시도는 시즌 1을 마칠 무렵에도 있었다. 하지만 의료인 아닌 사람이 볼 때는 잘 이해가 되지 않는 만화도 적지 않은 등의 이유로 실행에 옮겨지지는 않았다. 하지만 1,000편 가까운 만화가 쌓이다 보니 누구나 재미있게 볼 수 있는 만화도 꽤 많이 축적됐고, 연재 중단을 아쉬워하는 애독자들의 허기를 달래줄 필요도 생겨, 결국 두 권의 책으로 묶게 되었다. 크라우드 펀딩과 책 판매를 통해 마련될 수익금을 전달함으로써 투병 중인 정훈이 작가를 응원하고 싶은 마음도 컸다.

만화의 내용은 매우 다양하다. 전공의를 비롯한 대학병원 의사의 애환을 웃프게 그린 내용도 많고(주웅 교수가 특히 이런 내용을 많이 썼다), 개원의를 비롯한 평범한 의사들의 일상을 유머러스하게 묘사한 내용도 많고(김응수 원장이 특히 이런 내용을 많이 썼다), 기상천외한 상상력을 발휘하여 한국의 의료 현실을 신랄하게 풍자한 내용도 많다(서민 교수가 특히 이런 내용을 많이 썼다). 영화나 TV드라마를 패러디한 작품도 많고(이건 씨네21에 25년간 만화를 연재한 정훈이 작가의 원래 특기이기도 하다), 게재 당시 화제가 된 사건 사고나 정치적 상

황을 소재로 삼은 작품도 적지 않다. 온 국민이 아는 유명한 시 전문을 패러디하여 의사들의 마음을 대변한 주웅 교수의 작품들도 많은 사랑을 받았다.

열다섯 컷 내외의 한 회로 마무리되는 짧은 이야기가 가장 많지만, 2~3회에 걸쳐 이어지는 경우도 꽤 많고, 5회 내외로 이어지는 제법 긴 분량의 만화도 가끔은 등장했다. 완전히 연결되는 이야기는 아니지만 속편 형태로 비슷한 스토리가 변주되는 경우도 가끔 있었는데, 흥미로운 것은 그러한 변주가 흔히 다른 작가에 의해 행해졌다는 사실이다. 예를 들어 서민 교수가 '의대 과 커플이 불리한 점'이라는 이야기를 쓰면 그 다음주에는 김응수 원장이 '의대 과커플이 좋은 점'이라는 이야기를 쓴다거나, 김응수 원장이 '앤트맨 메디칼 히어로'라는 이야기를 쓰고 나면 얼마 후 서민 교수가 '앤트맨 리부트'라는 이야기를 쓴다거나 하는 식이다.

하지만 뭐니 뭐니 해도 천 편 가깝게 만들어진 쇼피알에서 가장 중요한 의미를 가지는 연작은 '알퐁소 도데의 별' 시리즈다. 의사 커플의 알콩달콩한 사랑 이야기인 이 연작은 시즌 1에서 무려 27편까지 간헐적으로 이어졌다. '별'이라는 이름이 붙지는 않았지만 이 시리즈의 주인공들은 이후 다른 작품들에서도 같은 설정으로 가끔씩 등장했고, 심지어 시즌 2의 대본을 집필한 서민 교수나 김응수 원장도 가끔씩 이들을 소환하곤 했다. 결국 남기남과 스테파네트 커플이 등장하는 이야기는 30편이 넘는다.

만화 쇼피알은 신문 청년의사의 30년 역사에서도 매우 중요한 존재다. 청년의사에 실린 모든 연재물 중에서 단연 최장수 코너이며, 종이 신문 시절이나 온라인 신문 시절 모두 가장 인기 있는 코너이기도 했다. 실제로 독자들을 대상으로 행해진 설문조사에서 가장 열심히 보는 코너 1위로 꼽히기도 했고, SNS가 보편화된 이후에 만들어진 여러 작품들은 페이스북 등을 통해 널리 공유되기도 했다. 페이스북 공유만 500회 혹은 1,000회 이상 이루어진 작품들도 많은데, 대표적인 작품으로는 지인으로부터 환자 관련 민원을 받는 의사들의 솔직한 심정을 묘사한 '의사 친구에게 부탁하기', 여의사의 애환을 리얼하게 그려낸 '의대생 김지영', 코로나19 팬데믹에 대처하는 의사들의 수고를 표현한 '어쩌다 보니, 그러다 보니', 수도권이 아닌 지방에서 일하는 의사들의 심정을 잘 표현한 '나는 지방의사다', 의사가 직업윤리를 저버리고 싶은 순간들을 코믹하게 묘사한 '의사인성교육', 코로나19 팬데믹 국면에서 정부가 의사들의 뒤통수를 친 데 대한 서운함을 그려낸 '어떤 은혜 갚기' 등이 있다.

만화 쇼피알은 공연계의 용어를 빌리자면 '오픈런' 작품이었다. 병원과 의사들에 관한 이야기는 무궁무진했고, 대본을 쓰는 몇몇 의사들의 기발한 아이디어는 마르지 않는 샘물 같았다. 30대 초반의 청년 만화가가 50대 초반의 중년 만화가가 되는 동안, 정훈이 작가는 특유의 성실함과 세대를 아우르는 유머 감각으로 우리를 웃기고 울렸다. 영원히 지속될 거라 생각한 적은 없지만, 앞으로도 오랫동안, 1,000회는 물론이고 1,500회, 어쩌면 2,000회까지 이어질 줄 알았다. 하지만 975편까지 만들어진 시점에 갑자기 정훈이 작가를 찾아온 불청객 때문에, 쇼피알은 잠시 중단되어 있다.

그리 멀지 않은 미래에 쇼피알이 재개되기를 바라는 간절한 마음을 담아, 이 두 권의 만화책을 펴낸다. 20년 넘게 의료 만화를 그려온 내공에 더해 힘든 투병까지 경험한 정훈이 작가가 더욱 깊이 있고 실감나는 작품들로 우리에게 웃음과 감동을 주는 그날이 어서 오기를 희망한다. 만화 쇼피알을 늘 기다려주셨던 많은 독자들께도 창작자들을 대신하여 깊은 감사를 드린다.

2022년 6월
청년의사 편집주간 박재영

5부 남기남의 병원생활

사건과 실화

전공의 탈출사건

환타

* hypo-chicken-emia : 의학용어 사이에 치킨을 끼워 넣어 만들어낸 말. 의사들은 이 말을 처음 들어도 '혈중 치킨 농도가 낮은 상태'라고 이해할 수 있다.

택시로 출근하는 의사들

의사는 약자

* SOB : shortness of breath (숨이 참)

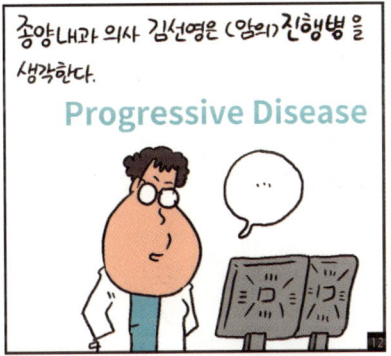
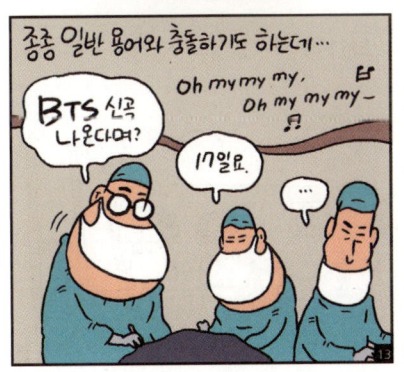
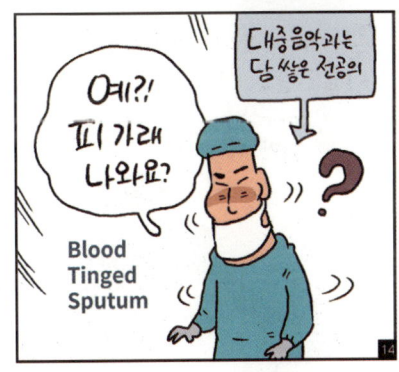

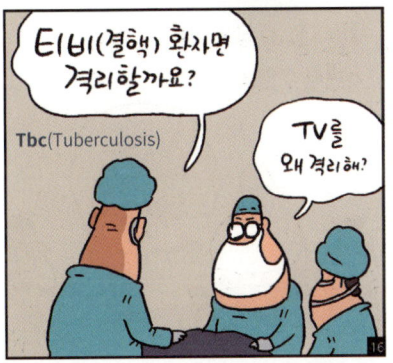

바이러스 비상사태 긍정 효과

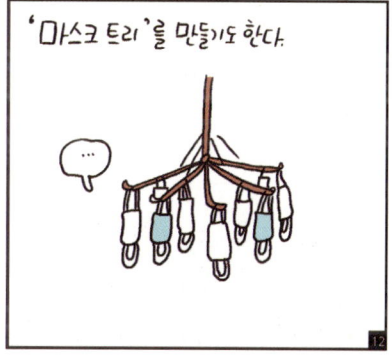

어쩌다 보니, 그러다 보니

어떤 은혜갚기

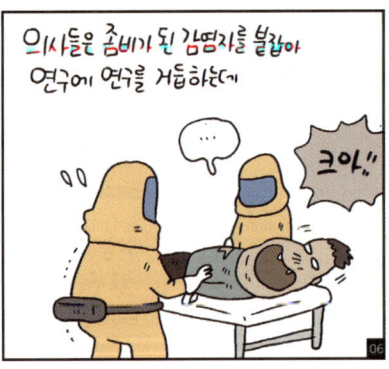

좀비의사의 추억

의대생 김지영

아빠 어디가

병원 가는 거 무서워

진료실은 멀티방

청진기의 종말

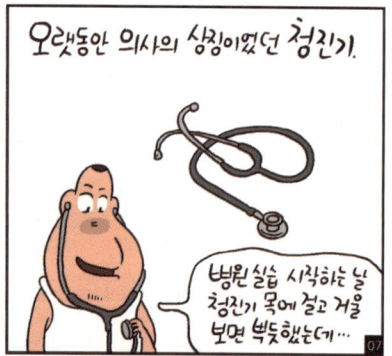

메드 글래스

관상

이놈의 인기

올 것이 왔다

전설의 PK ①

전설의 PK ②

수술실 뮤직

마스크 진료

의원 바꿔보기

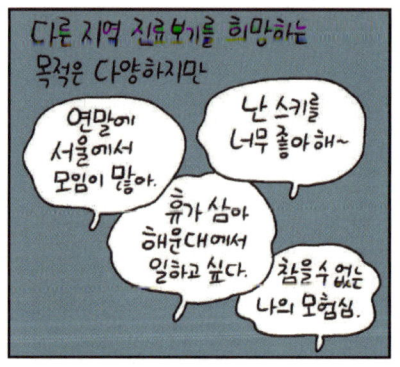

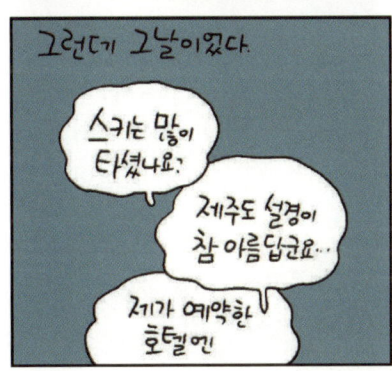

병의원 이용법
①

병의원 이용법
②

병의원 이용법 ③

김원장의 영수증

항생제 남용의 이유

안녕하수꽈
제주 의학용어

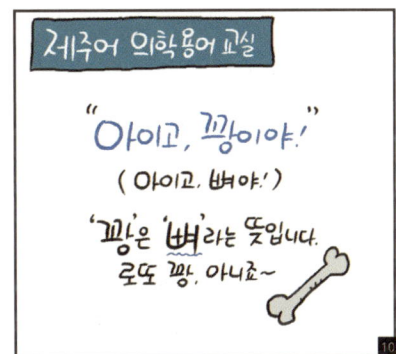

무인검진

한가위란

* TA : traffic accident, 교통사고

의사 인성교육

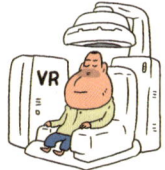

고마운 선물

차마 못한 이야기

* 병식 : 현재 자신이 병에 걸려 있다는 자각, 혹은 질병에 대한 통찰

마지막 인사

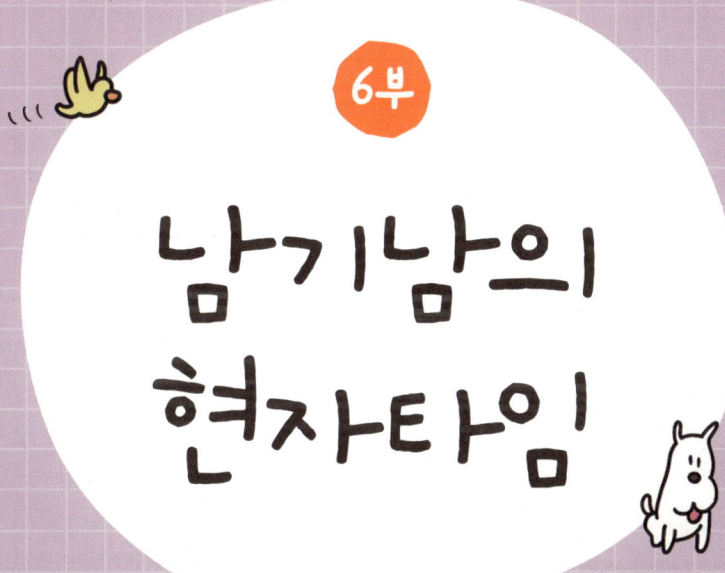

6부
남기남의 현자타임

동네의사를 슬프게 하는 것들 ①

어머니의 7가지 거짓말

진료실
비밀의 문

나는 지방의사다

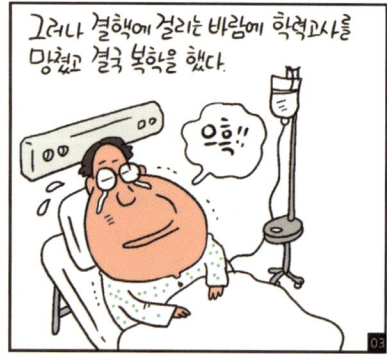

어벤져스

악몽은 없다

의대 과커플이 불리한 점

의대 과커플이 좋은 점

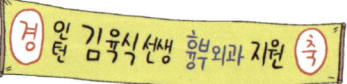

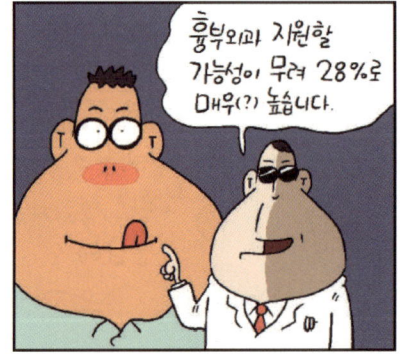

회진버스

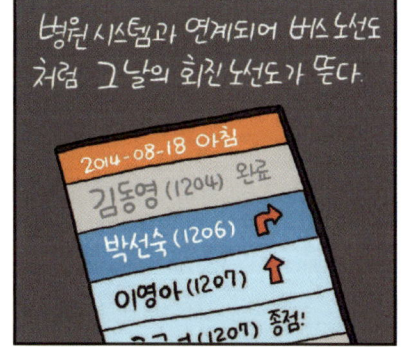

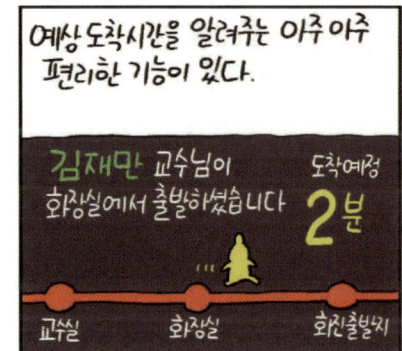
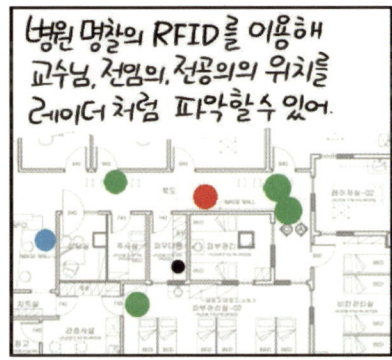

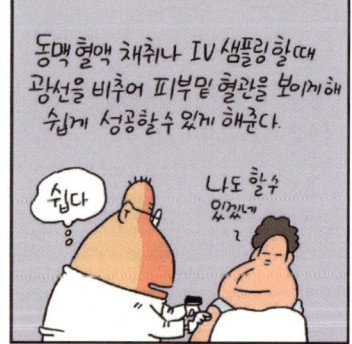

VVIP

축제

뱀주사위놀이

의대생 서바이벌 캠프

NO CPR

* ABGA : 동맥혈가스검사

미이라

의료도시 ①

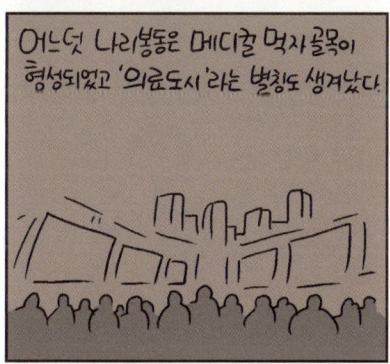

의료도시 ②

독감 의사

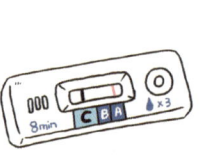

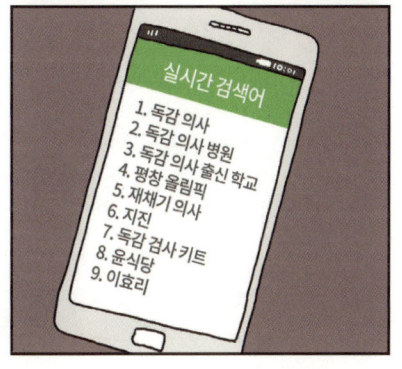

2019년, 진상 피하는 법

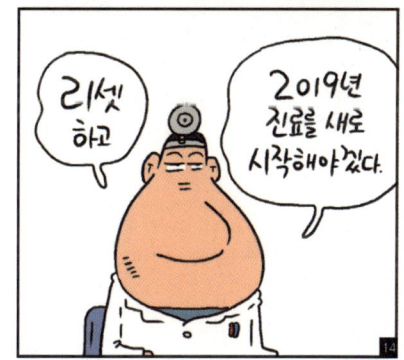

원장실의 비밀

추억의 병원 괴식

불어터진 짜장면을 먹는 의사들…

MBC 드라마 <하얀거탑>

죽은 사람은 못먹는 거야. 감사히 생각하고 먹어.

MBC 드라마 <하얀거탑>

20세기, 병원 인턴·전공의는 '배달의 민족' 이었다.

신속배달 자금성

병원 안에 편의점은 없었고, 구내식당은 근무 시간에는 거의 갈수 없었다.

배고파서 쓰러졌다.

저녁은 대부분 회진 후 늦게 배달시켜서 먹었다.

면을 마시는구나.

콜 오기전에 빨리 먹자!

후룩! 후룩

지금은 먹기힘든 '괴식'이지만, 가끔 생각나는 배달 음식이다.

불어터져서 죄송합니다…

'짜장떡'. 짜장면을 변형해서 만든 음식으로 레시피는 간단하다.

그냥 콜 받고 오면 저절로 만들어집니다.

당연한 일에 기뻐하는 의사들

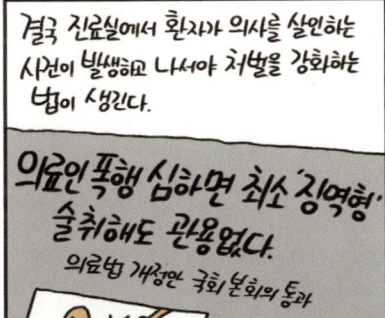

극한직업
변호사 vs 의사

12번째 닥터

위험한 데이트

봄바람 휘날리며 흩날리는 벚꽃 잎이
울려 퍼질 이 거리를 둘이 걸어요

봄바람 휘날리며 흩날리는 바이러스
널리 퍼질 이 거리를 혼자 걸어요

국내 양대 노래방기기 업체는
4월 1일부터 가사가 업데이트 된
반주영상을 제공하기로 했습니다.

20XX년 미래, 바이러스 세계적 대유행을
겪고 계절병이 되면서 '사회적 거리두기'는
일상의 풍경이 되었다.

사거두(사회적 거리 두기) 앱은 카톡 다음으로
많이 설치하는 스마트폰 앱이 되었는데

사거두 앱 설치는 폰 바꾸면 가장 먼저 하는 일

사람 사이의 거리가 1m 이하이면
알람을 울려서 경고하는 앱이다.

모태 솔로 대통령이 집권하면서, 바이러스
전파를 차단하기 위한 매우 강력한
'감염병 전파 등 처벌에 관한 법률'이
신설되었는데

살면서 한번도 연애를 못해본…

가장 특별한 것이 '데이트 신고제'로
연인들은 데이트 전에 반드시 보건소에
신고해야 한다.

바이러스 검진을 해야 하니 이것은 사실상 허가제.

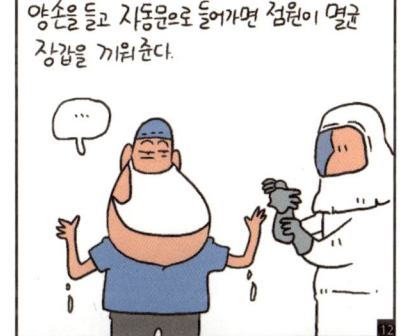
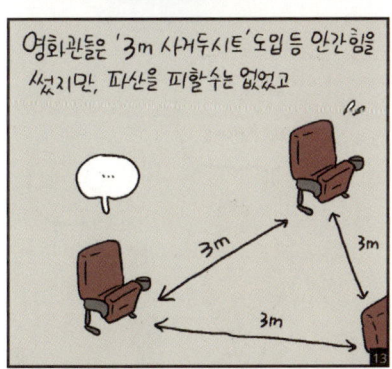

오래된 미래

혼저옵세예 제주 응급실

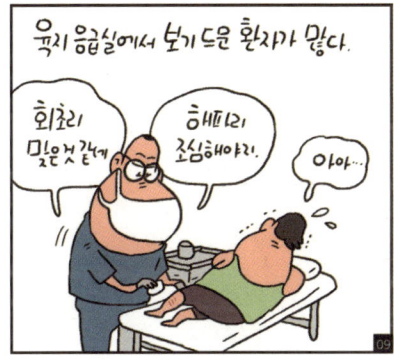

위원회

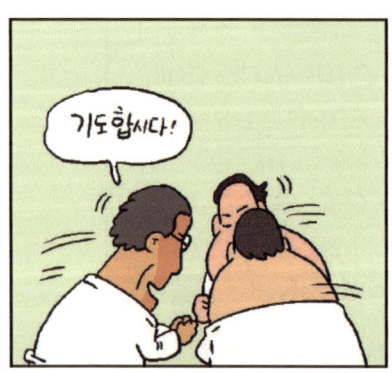
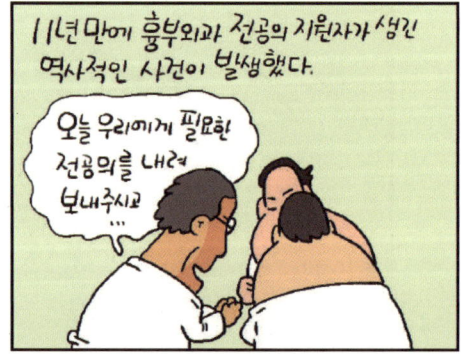

진상환자의 나비효과

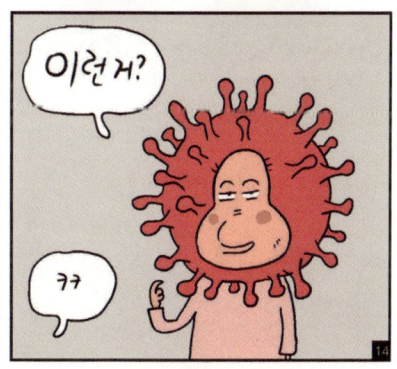

라스트 크리스마스

7부 남기남의 여가생활

의사의 품격 ①

의사의 품격 ②

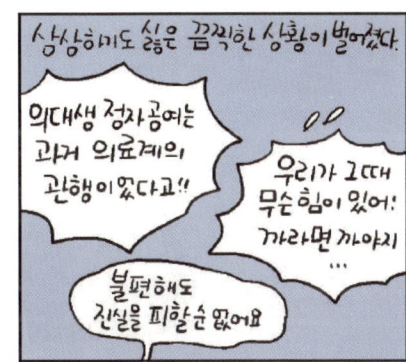

* AID : artificial insemination by donor, 비배우자 인공수정

나를 찾아줘

닥스맨 ①

닥스맨 ②

앤트맨 메디컬 히어로

* 핑거 에네마 : finger enema, 손가락 관장

앤트맨 리부트

마션

인턴

영웅본색

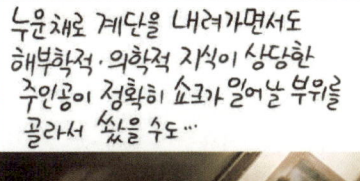

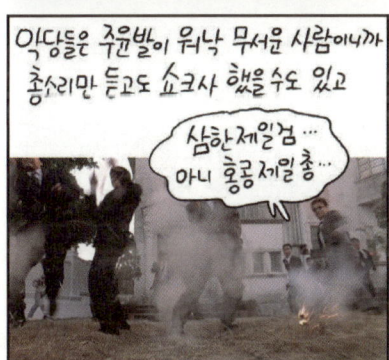

4위는 '선우'입니다. 직업은 의사. 첫사랑을 6년간 기다려온 순정이 마음을 사로잡은 걸까요?

89학번 의사라면 경제적으로 괜찮을 수 있지만, '남편이 의사인건 싫어요'라는 응답이 꽤 있군요.
나도 의사 와이프는 별로야~ 내 사생활이 없어요. 모르는 게 없고

믿을 수 없군요. 천재 바둑기사 최택 사범이 3위입니다.

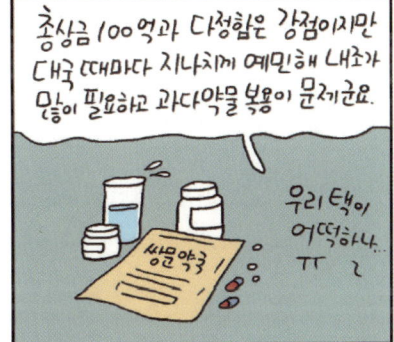
총상금 100억과 다정함은 강점이지만 대국 때마다 지나치게 예민해 내조가 많이 필요하고 과다약물 복용이 문제군요.
우리 택이 어떡하나.. ㅠㅜ

2위는 동룡이입니다! 유머가 뛰어나고 사업 수완도 훌륭합니다. 무엇보다 실생활의 카운슬링 기술이 뛰어난 건 가장 큰 장점이군요.

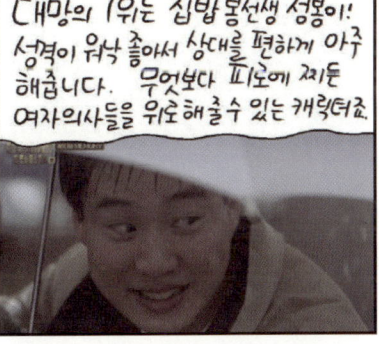
대망의 1위는 집밥 봉선생 정봉이! 성격이 워낙 좋아서 상대를 편하게 아주 해줍니다. 무엇보다 피로에 찌든 여자의사들을 위로해 줄 수 있는 캐릭터죠.

설거지와 요리 등 집안일을 잘하는 내조형 남자면서 집밥 백선생급 성공도 거둔다는 게 1등 요인입니다.
설탕과다~
식습관은 맘에 안들지만 밥차려 달란 소리 안할것같아 좋아요-

그런데 한 골목에서 전투기 조종사, 법조인, 의사, 천재 바둑기사, 스튜어디스, 가수, 큰식당 사장, 집밥 백선생이 나올 확률은 얼마나 될까?
드라마니까...

시그널 ①

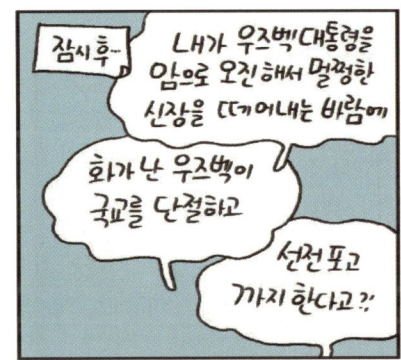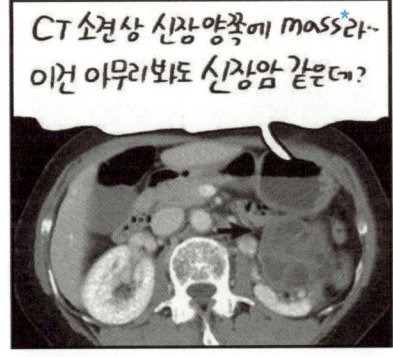

* mass : 종괴(덩어리).

시그널 ②

* cyst : 낭종.

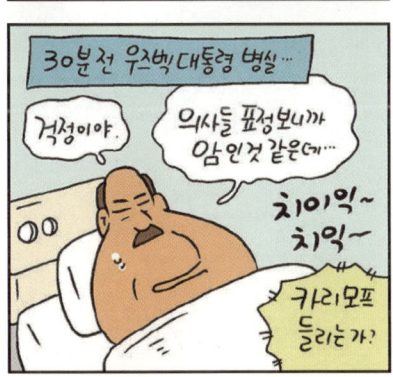

헝거닥터

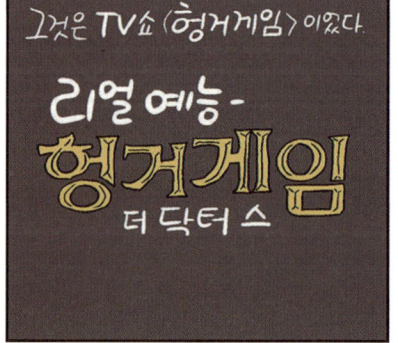

윤클리닉

남한산성

닥스맨: 골든서클 ①

닥스맨: 골든서클 ②

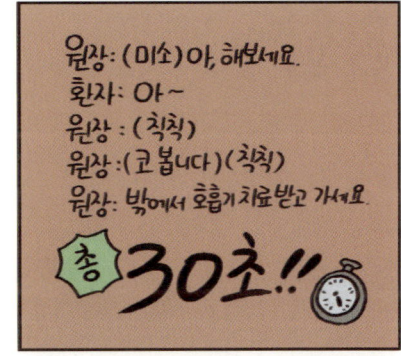

강철비

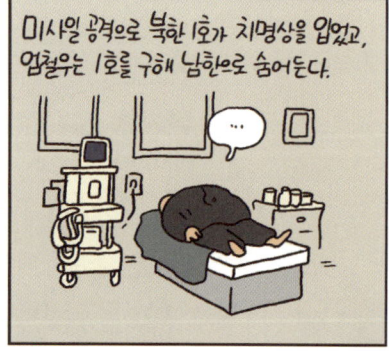

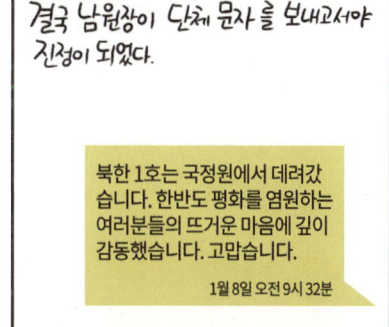

1987 ①

1987 ②

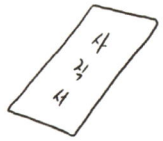
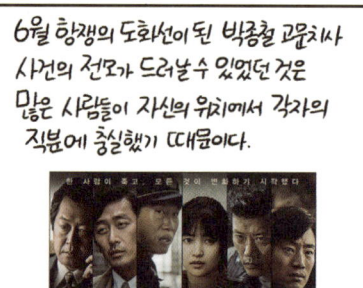

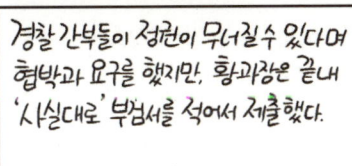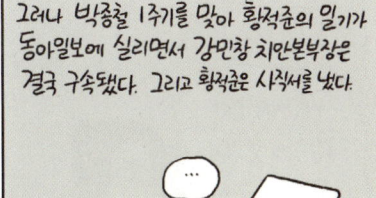

신과함께

* breech : 둔위분만. 분만 시 태아의 머리보다 엉덩이 쪽이 먼저 나오는 분만

블랙팬서 ①

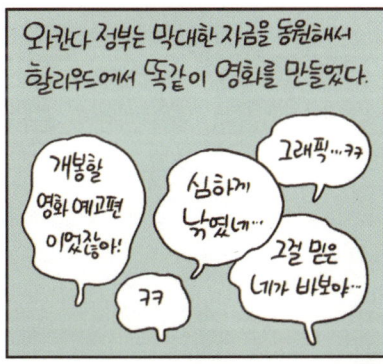

블랙팬서 ②

골든슬럼버

하루 ①

* 리트랙터 : retractor, 견인기. 절개구를 넓게 벌리는 데 쓰이는 수술 기구

하루 ②

슈츠 ①

슈츠 ②

완벽한 타과

아쿠아맨

제주도 바닷가에 위치한 '아쿠아맨 클리닉'

심지창 모양의 워터 레이저로 특수 문신을 새기는 시술을 한다.

평소에는 보이지 않지만, 바닷물이 닿으면 형광색 문신이 드러나는데

물기가 마르면 문신이 사라진다.
민물에는 반응하지 않아요. 목욕탕 가도 아무렇지 않죠.

얼룩말 무늬, 슈퍼맨이나 배트맨 로고, 황금 식스팩 등 다양한 문신을 새겨주는데

해양 레저를 즐기는 사람들에게 아쿠아맨 클리닉은 성지와 같은 곳이었다.

아쿠아맨 털보 원장은 섬에 사는 어부의 아들이었다.

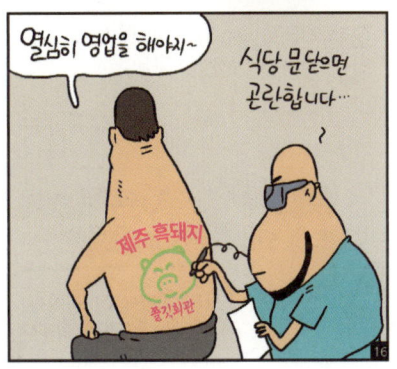

극한직업

어벤져스 의과대학 ①

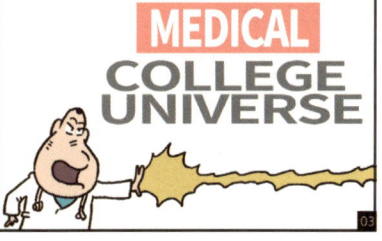

어벤져스 의과대학 ②

알리타: 배틀 닥터

라이온 킹 의과대학

라이온 킹 대학병원

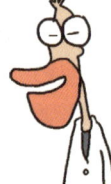

추억의 영화: 고스트

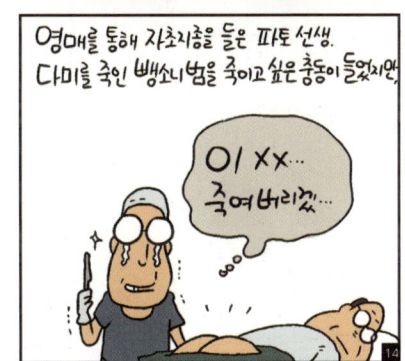

닥터 조커

예스터데이 ①

예스터데이 ②

쌉니다 천리마병원 ①

쌉니다 천리마병원 ②

스토브리그

진료하지 않아

닥터 시동 ①

닥터 시동 ②

남산의 의사들

미나리 속편
고사리

D.P.

오징어 게임

8부 남기남의 이중생활

악몽의 병원

의학박물관

닥터스 피싱

* lung biopsy : 폐 조직검사

* tympanic membrane rupture : 고막파열

의과대학 노래방

의대생 도서관

의대괴담

코로나 시대의 의학 드라마

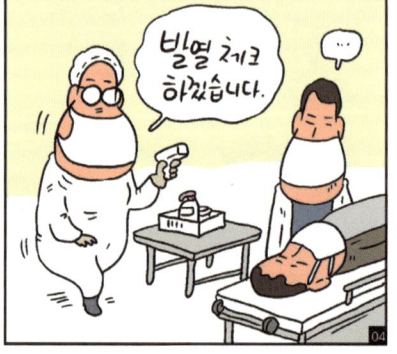

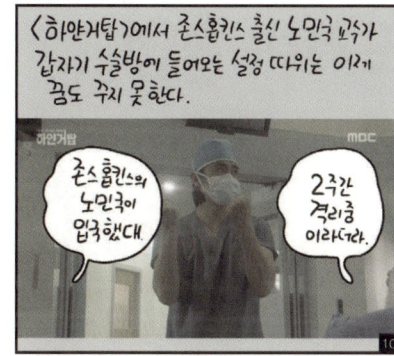

드라마 출연

토탈리콜 ①

토탈리콜 ②

골든타임

응답하라 1997

①

* 체스트 : chest, 흉부

응답하라 1997
②

응답하라 1997
③

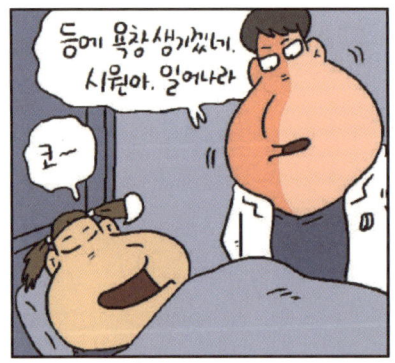

* 유비무환 : '비가 오면 환자가 없다'는 뜻

응답하라 1997 ⑤

* thyroid scan : 갑상선 스캔. 방사성동위원소를 이용하는 갑상선 검사
** hot uptake : 방사성동위원소를 이용하는 검사에서 방사성 물질이 많이 검출된다는 뜻

기생충 테러 라이브

삼시세끼

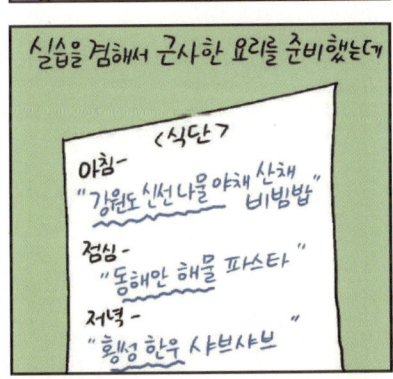

동안의사의 슬픔

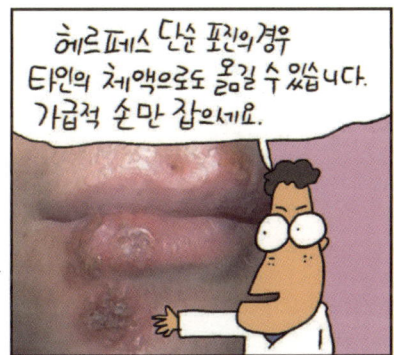

복면의사

VR 내시경

블라인드 닥터 ①

블라인드 닥터 ②

아이 캔 스피크

세이프 오브 워터

방구석 세계여행

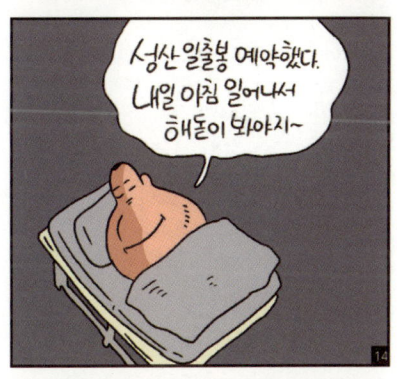

범블비

mıw

MIW Hospital

그것

히트닥터

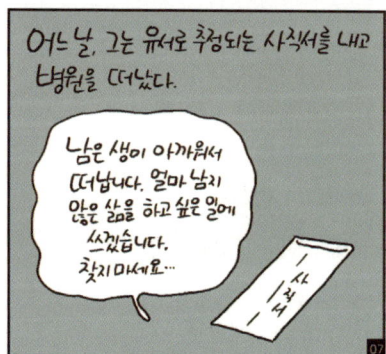

닥터 세레니티 ①
(Serenity)

닥터 세레니티 ②
(Serenity)

부부의 세계
현실의 세계

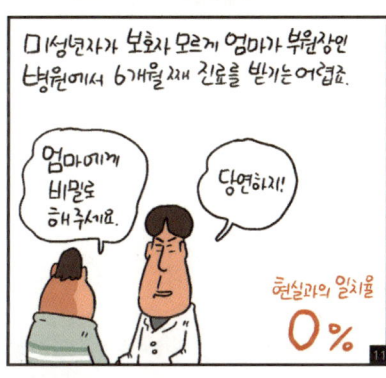

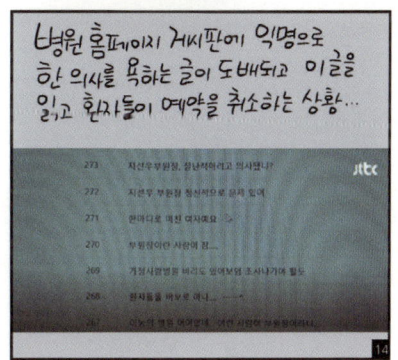

호구와트 공공의대

지옥 의과대학

청년의사 남기남의 슬기로운 병원생활 2권

글　　　서민·김응수
그림　　정훈이

펴 낸 날　1판 1쇄 2022년 6월 15일

대표이사　양경철
편집주간　박재영
진　　행　배혜주
디 자 인　박찬희

발 행 처　㈜청년의사
발 행 인　이왕준
출판신고　제313-2003-305(1999년 9월 13일)
주　　소　(04074) 서울시 마포구 독막로 76-1(상수동, 한주빌딩 4층)
전　　화　02-3141-9326
팩　　스　02-703-3916
전자우편　books@docdocdoc.co.kr
홈페이지　www.docbooks.co.kr

ⓒ 서민·김응수·정훈이, 2022

이 책은 ㈜청년의사가 저작권자와의 계약을 통해 대한민국 서울에서 출판했습니다.
저작권법에 의해 보호를 받는 저작물이므로 무단전재와 복제를 금합니다.

ISBN 978-89-91232-79-2 (07510)

책값은 뒤표지에 있습니다.
잘못 만들어진 책은 서점에서 바꿔드립니다.